I AM GRATEFUL

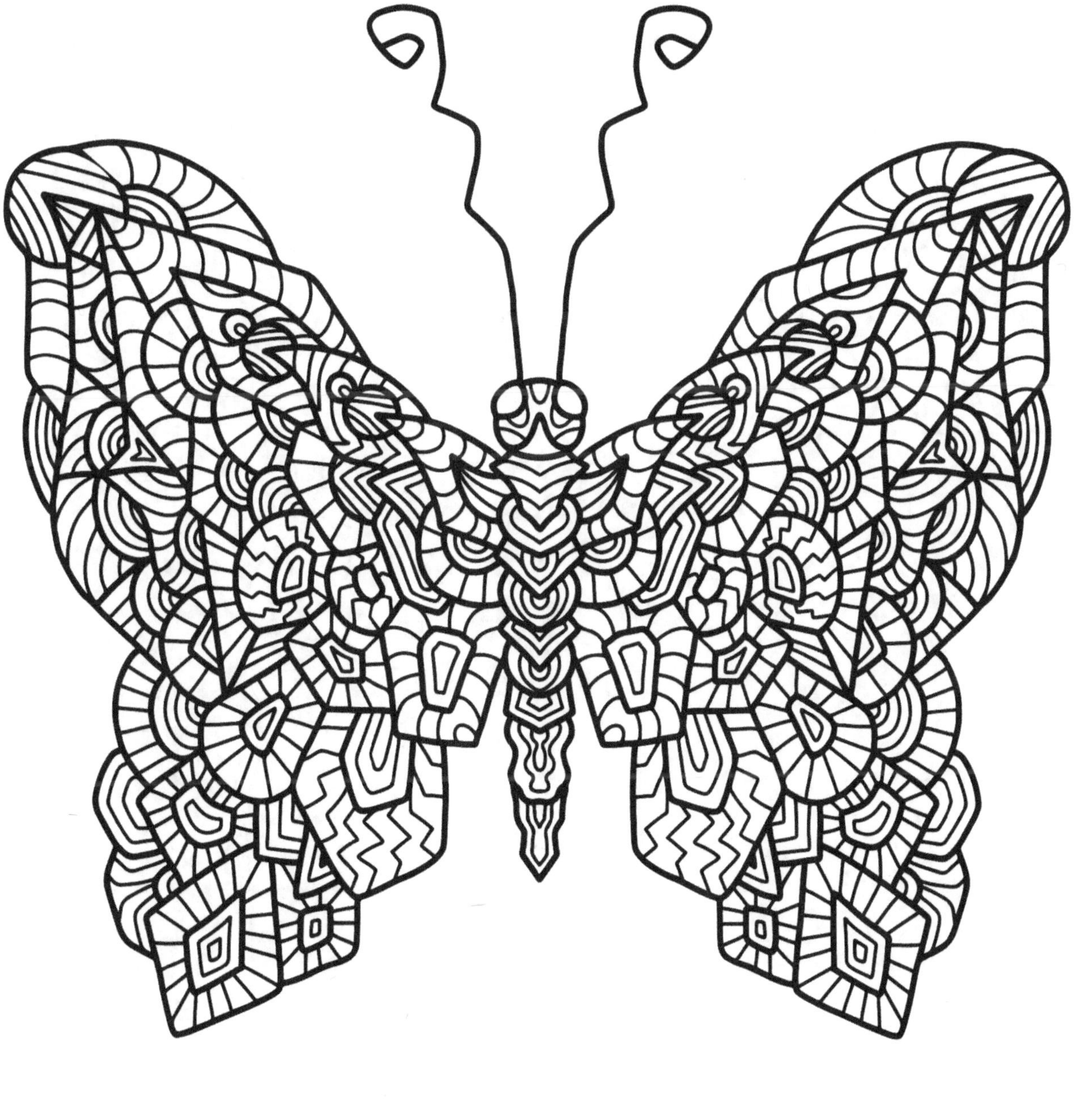

I AM PEACEFUL

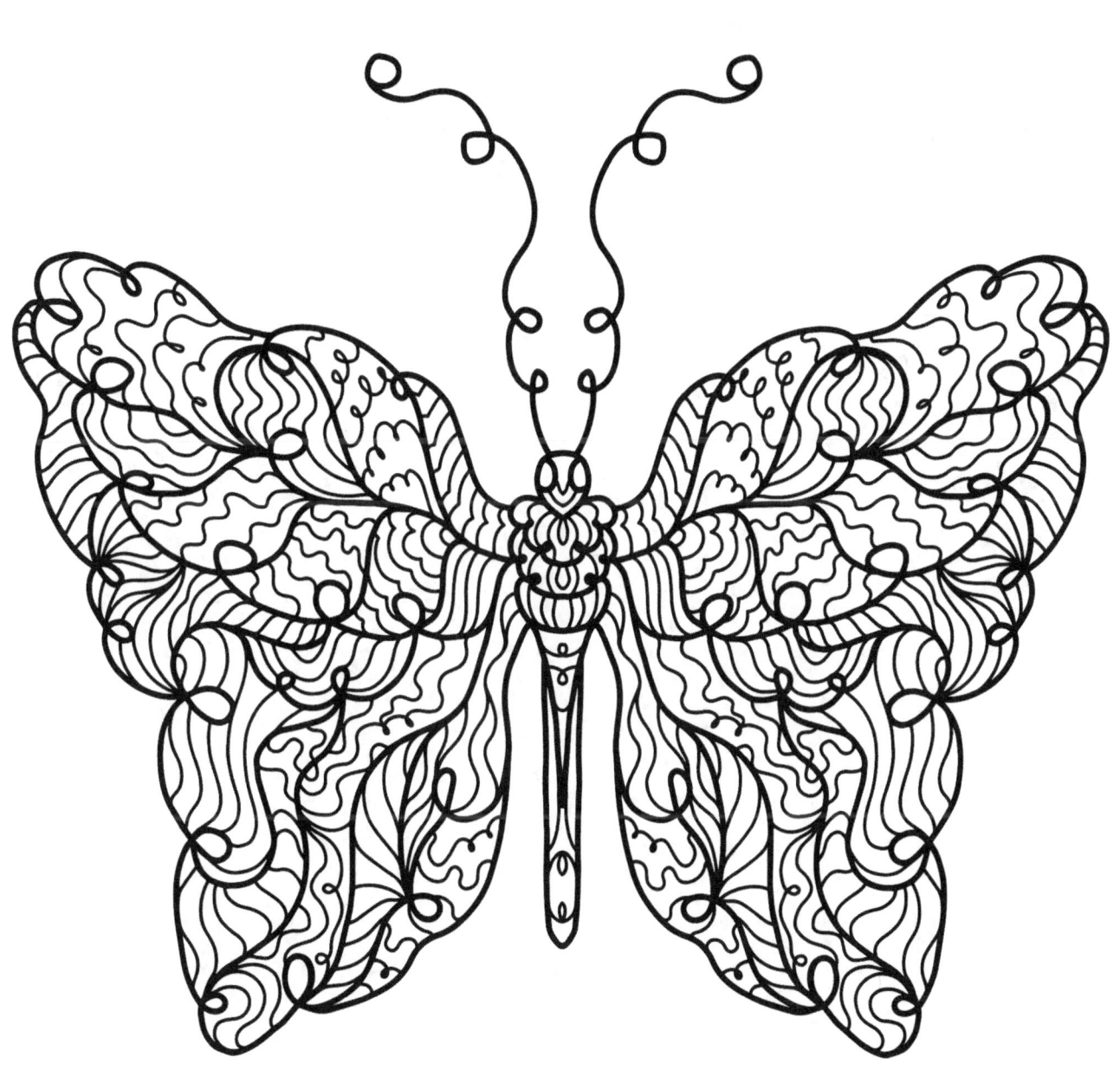

I AM FREE

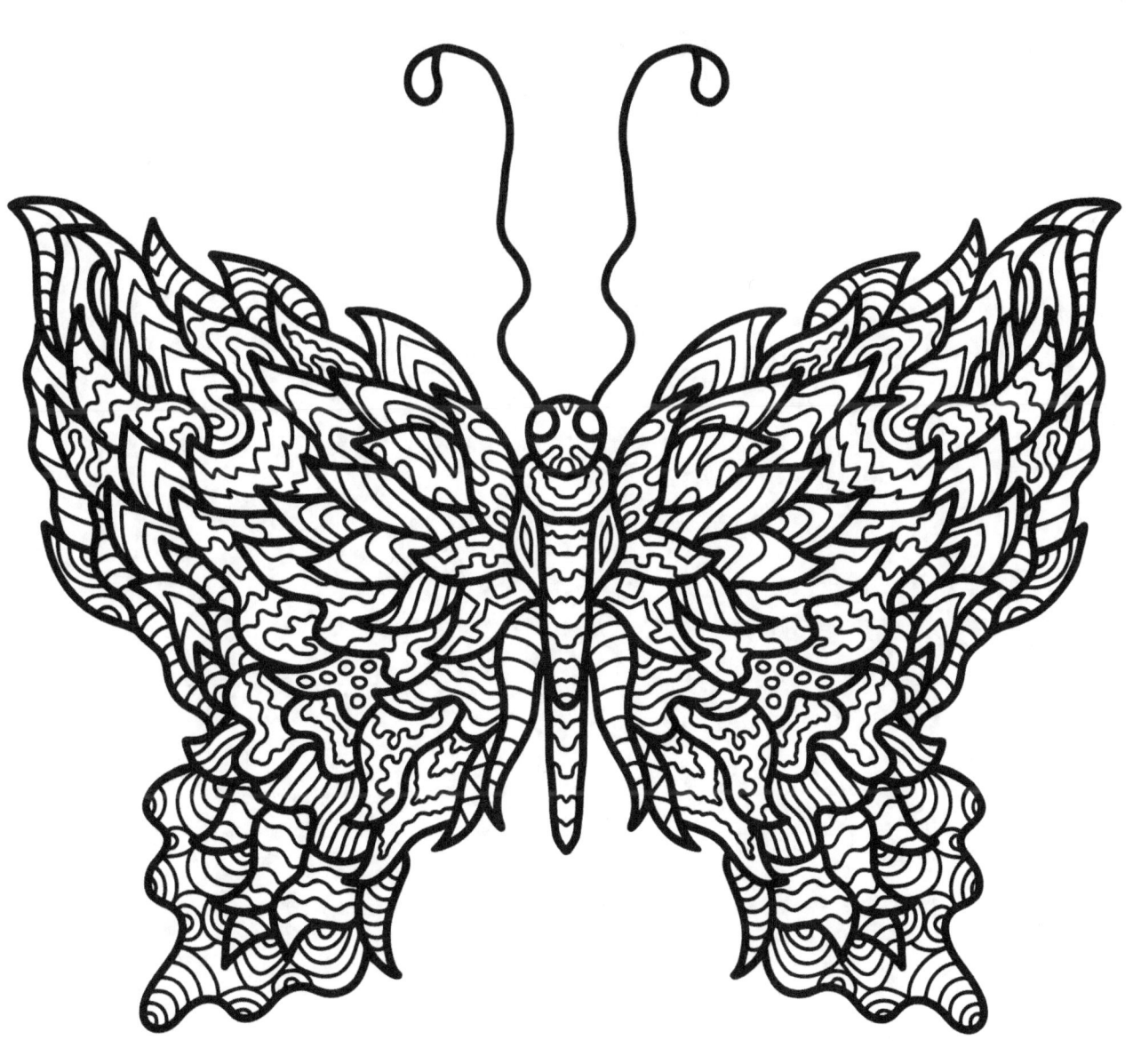

I AM FOCUSED

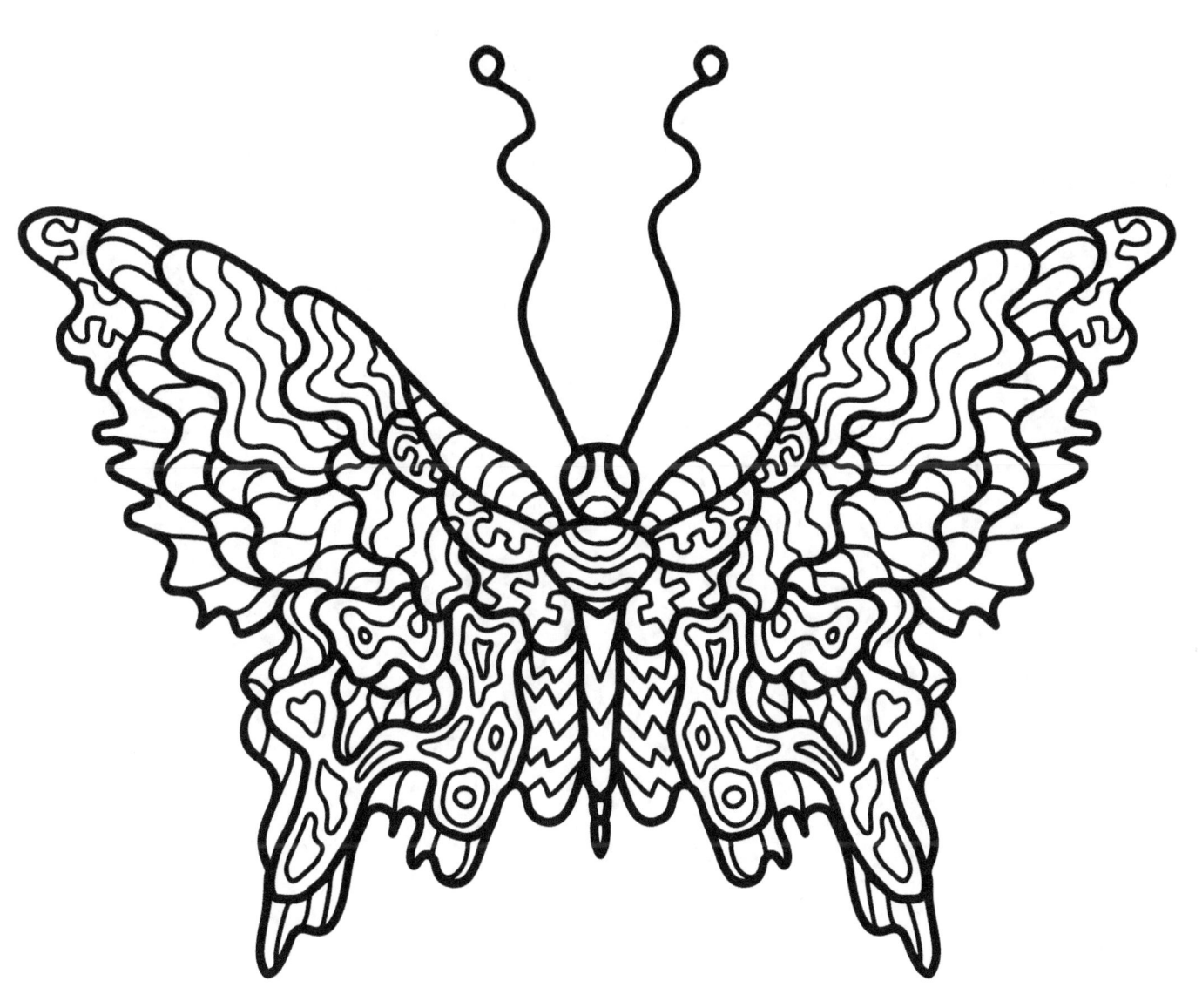

I AM BRAVE

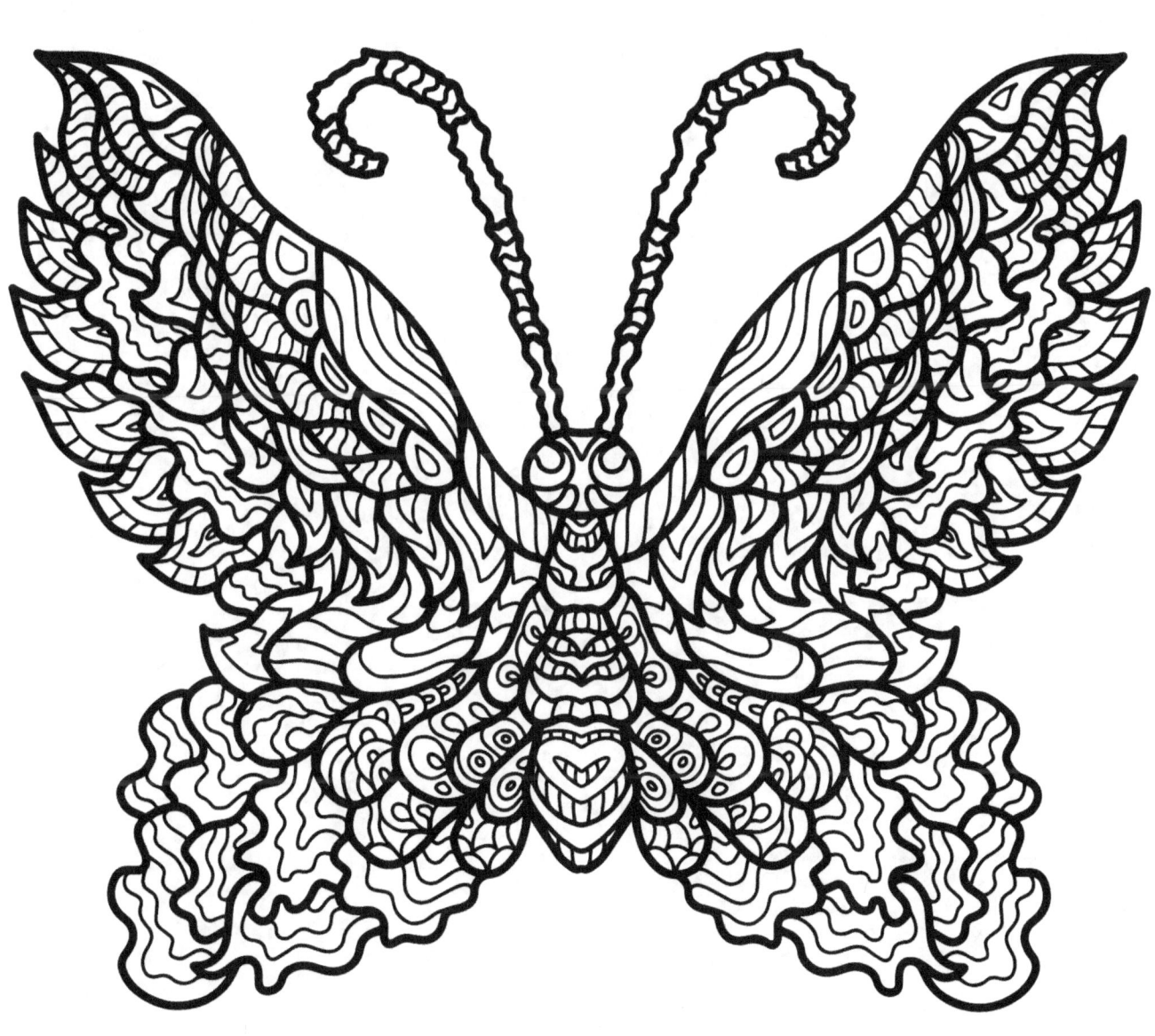

I AM POWERFUL

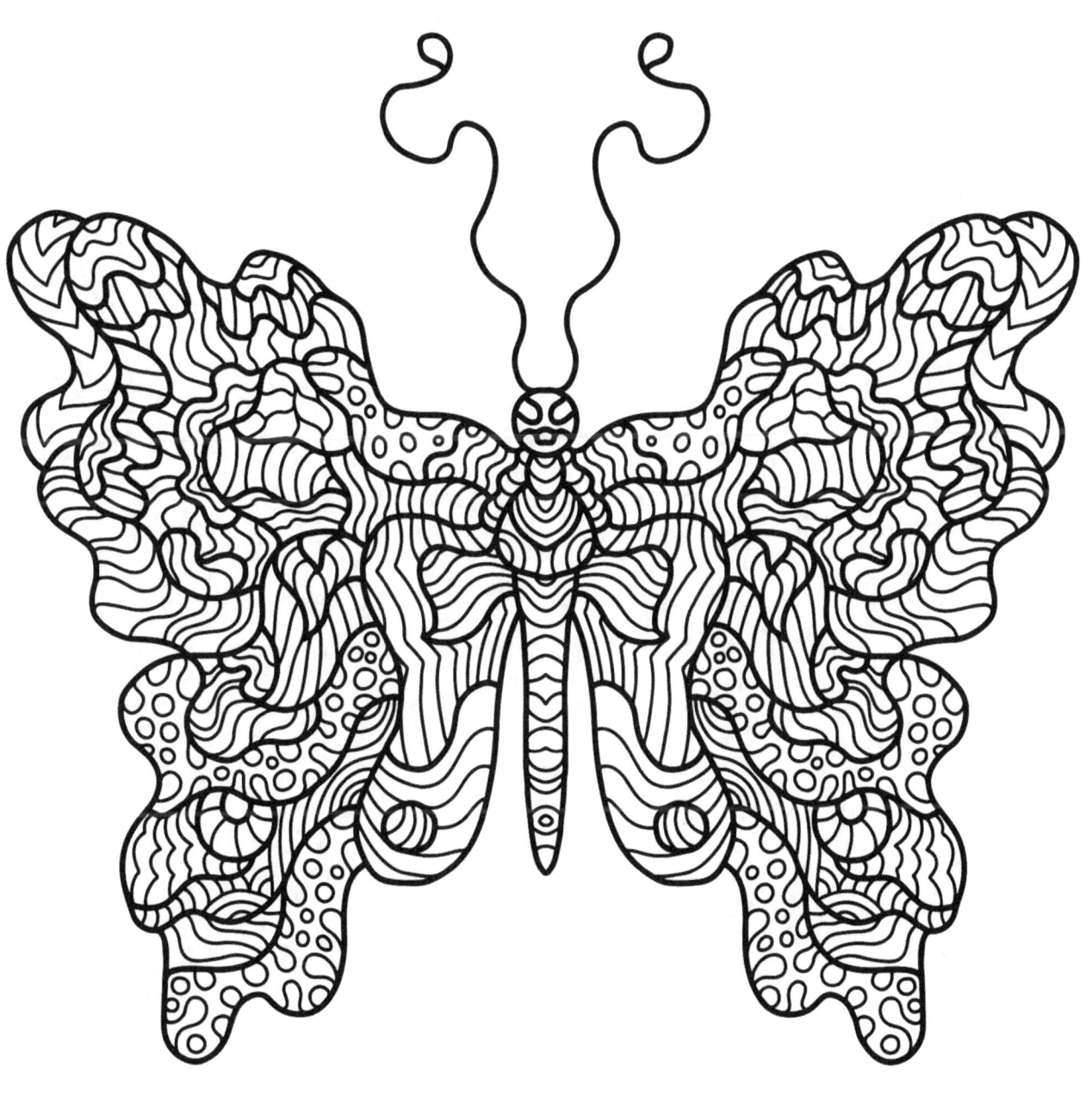

I AM PRESENT

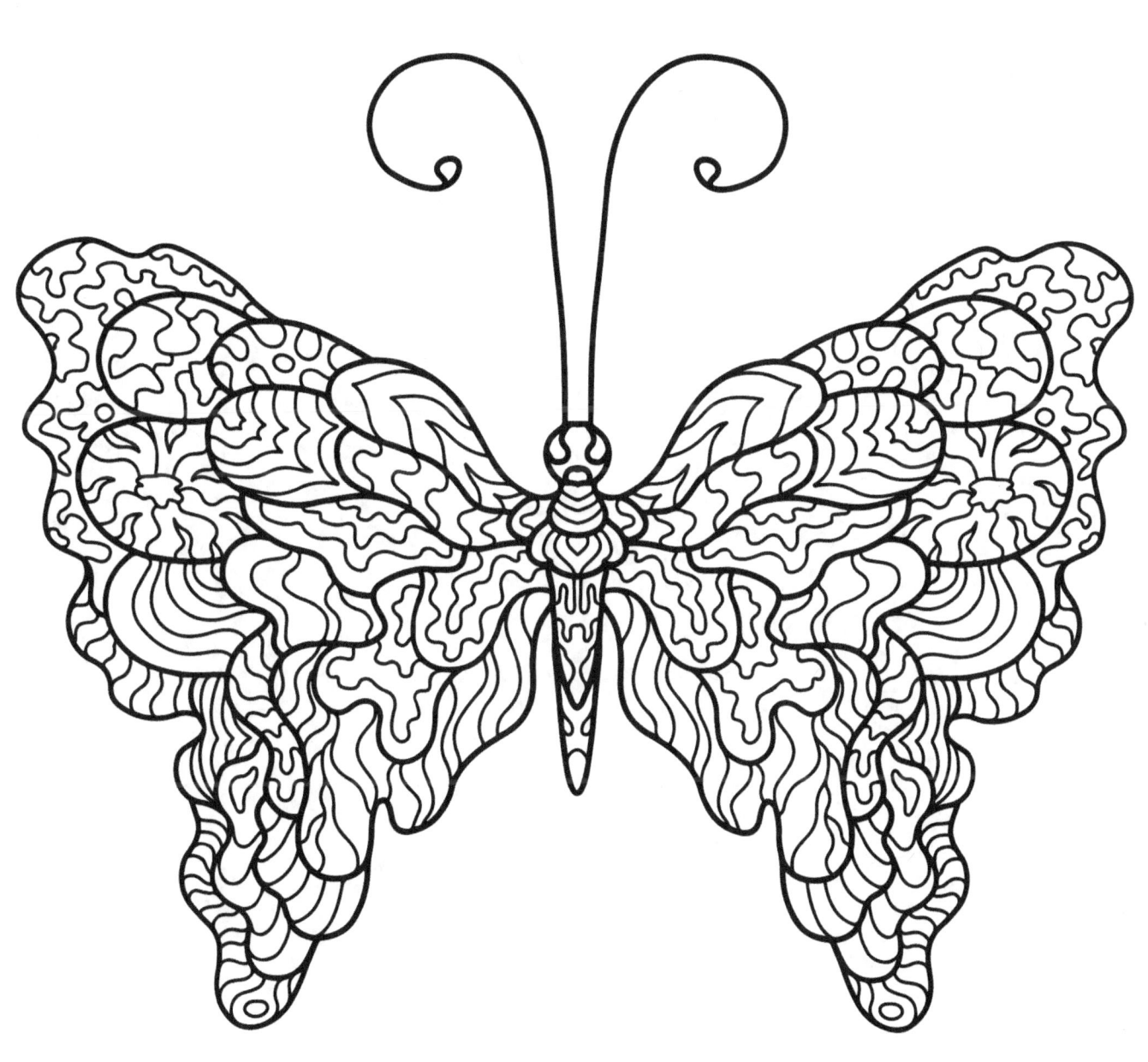

I AM PURPOSEFUL

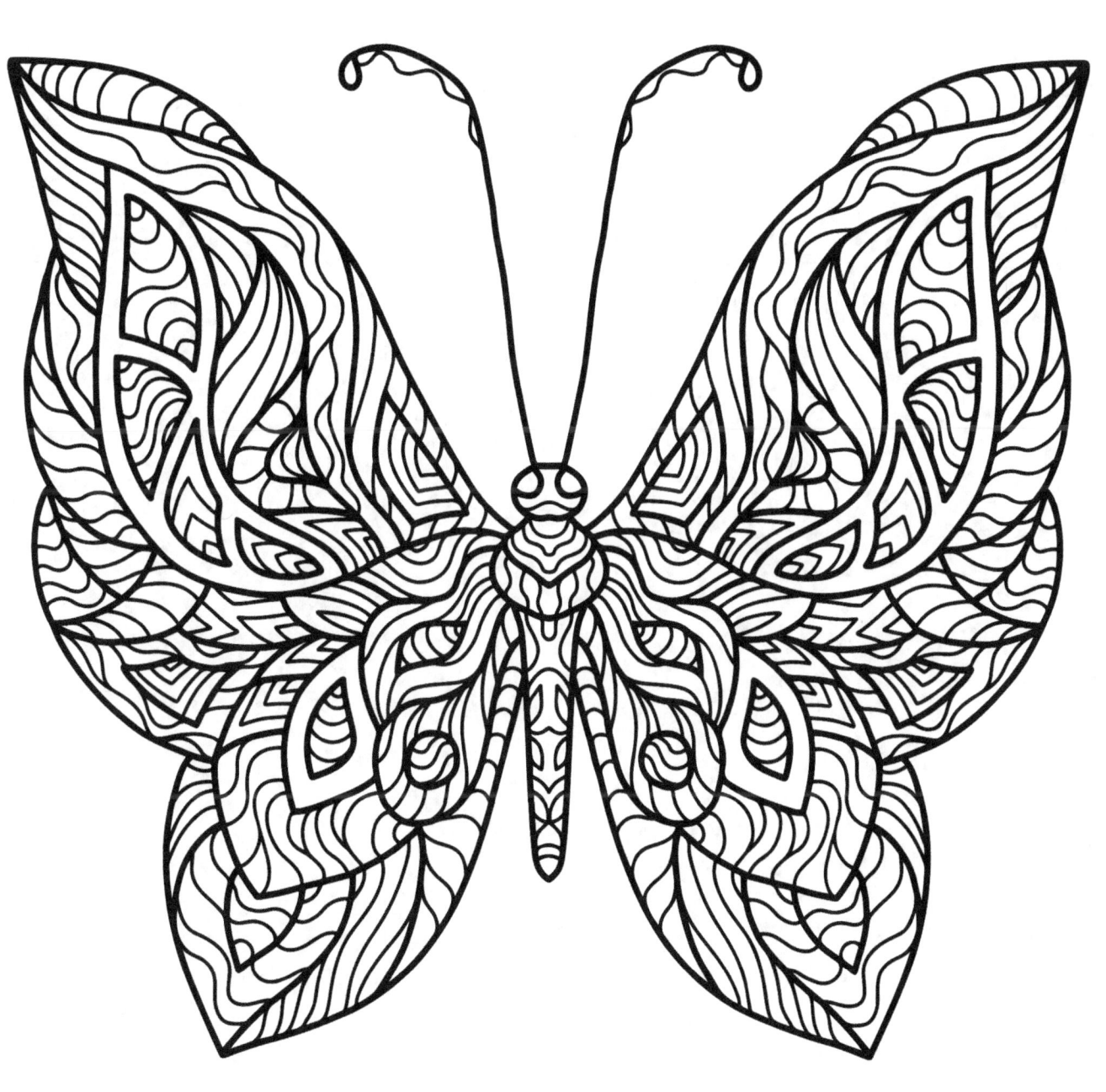

I AM WILLFUL

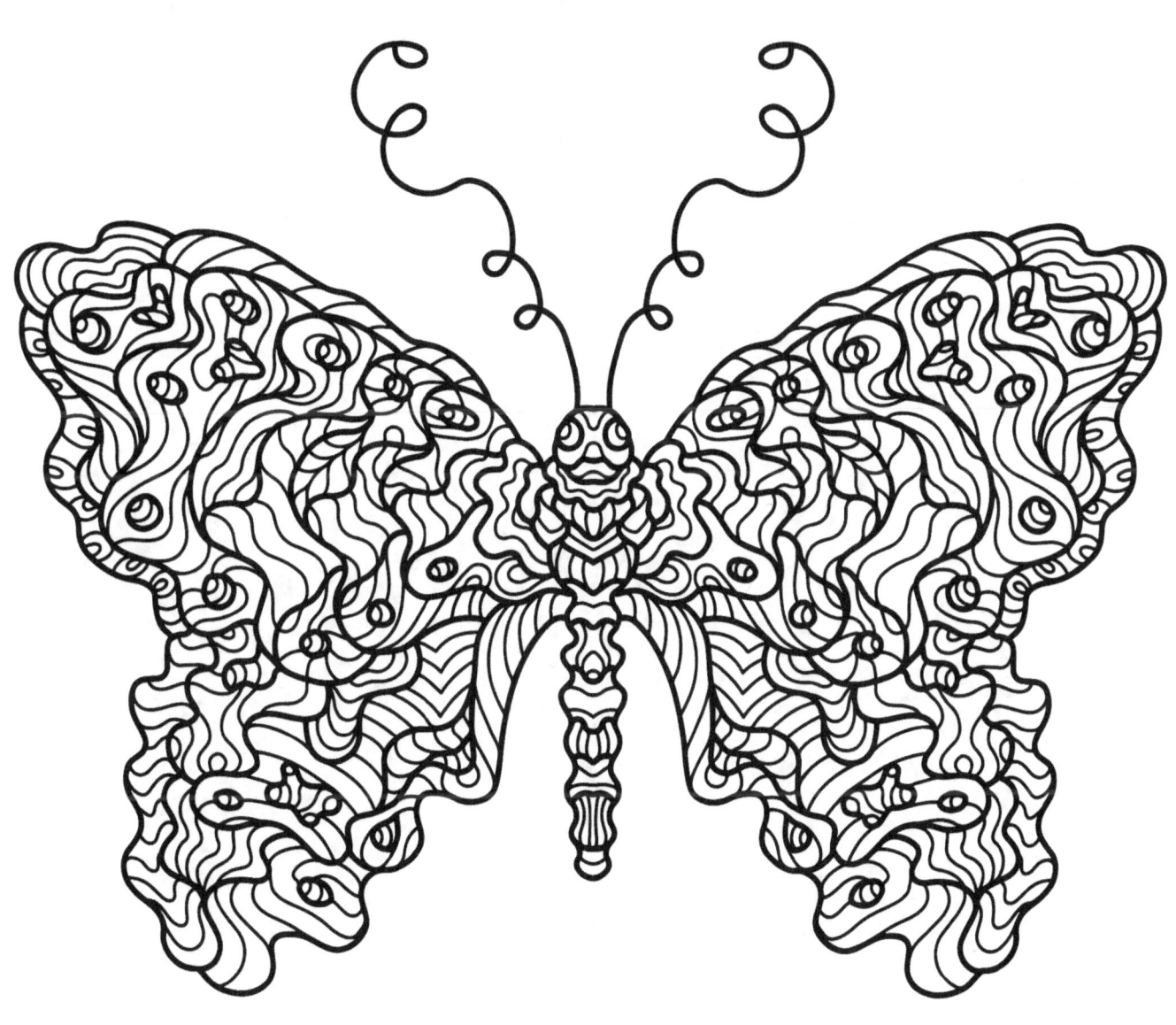

I AM LOVING

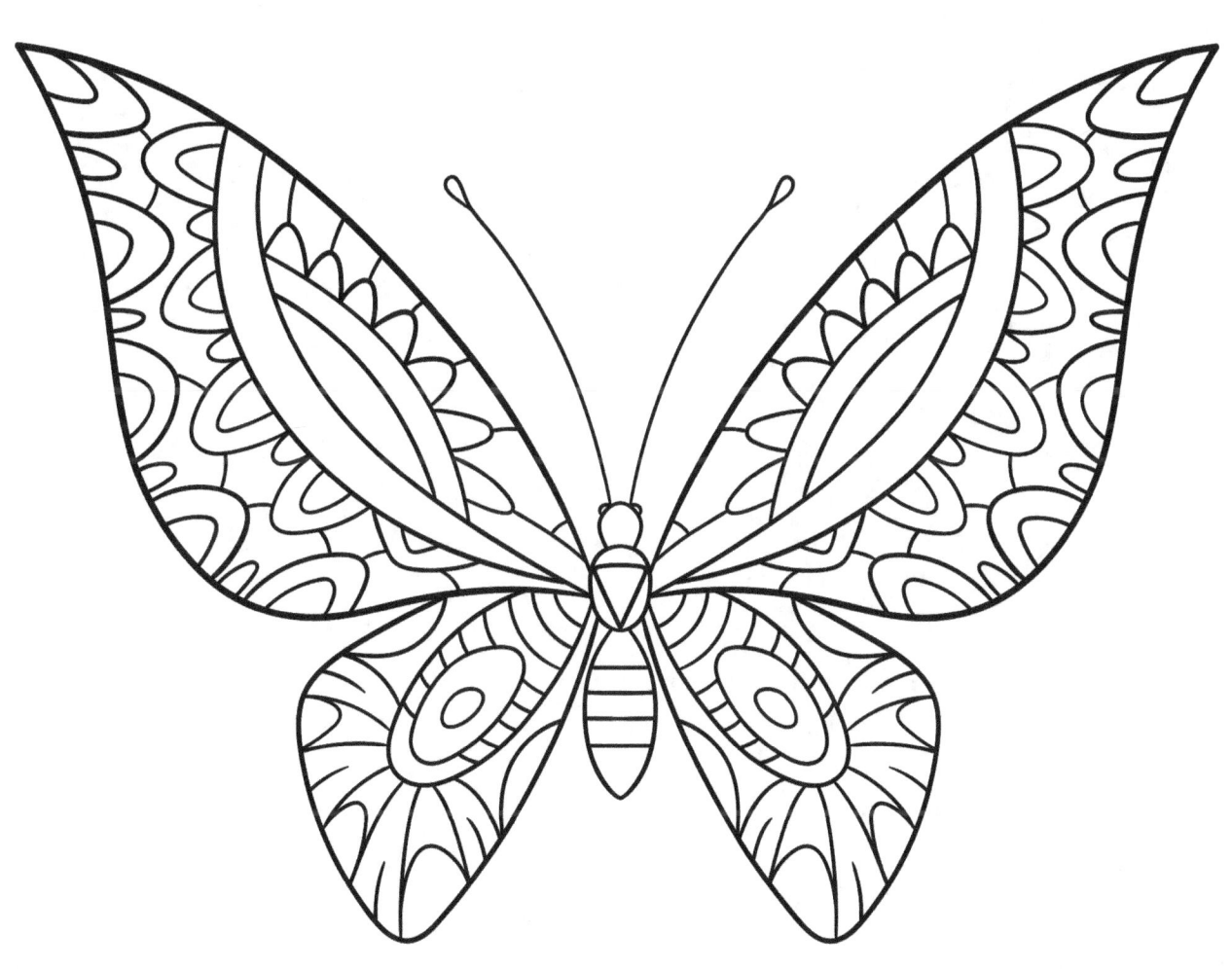

I AM JOYFUL

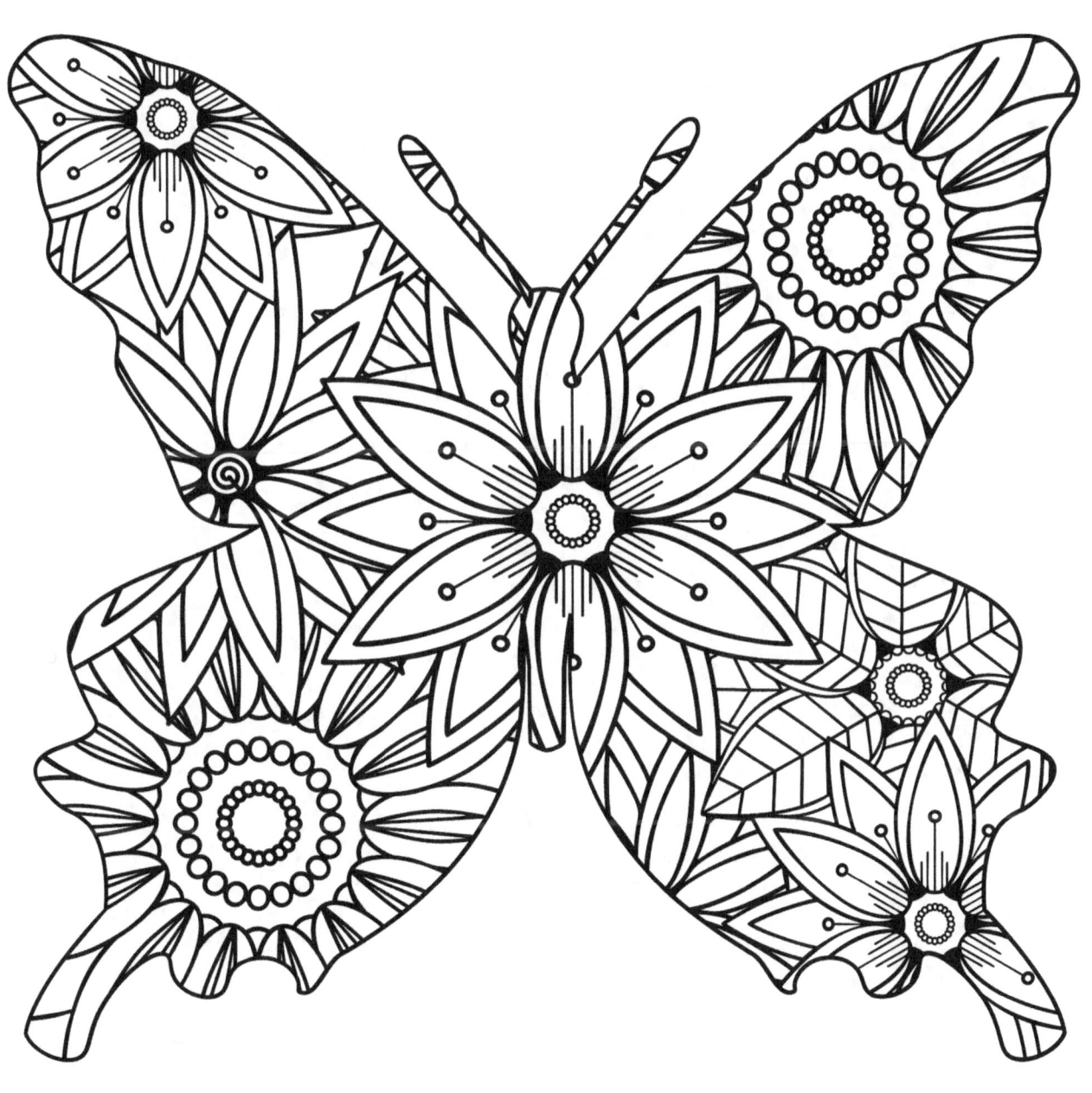

I AM RESILIENT

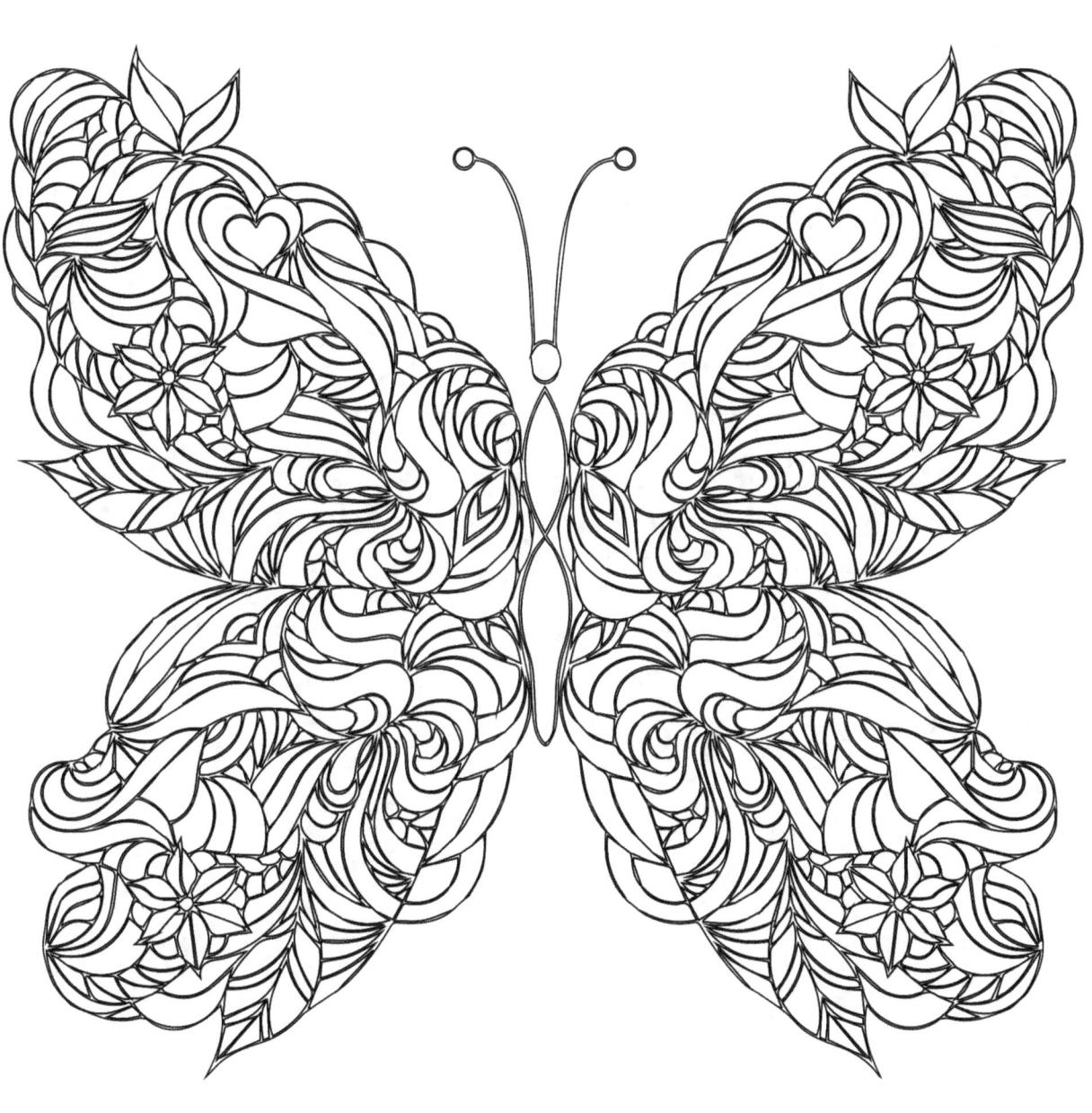

I AM CREATIVE

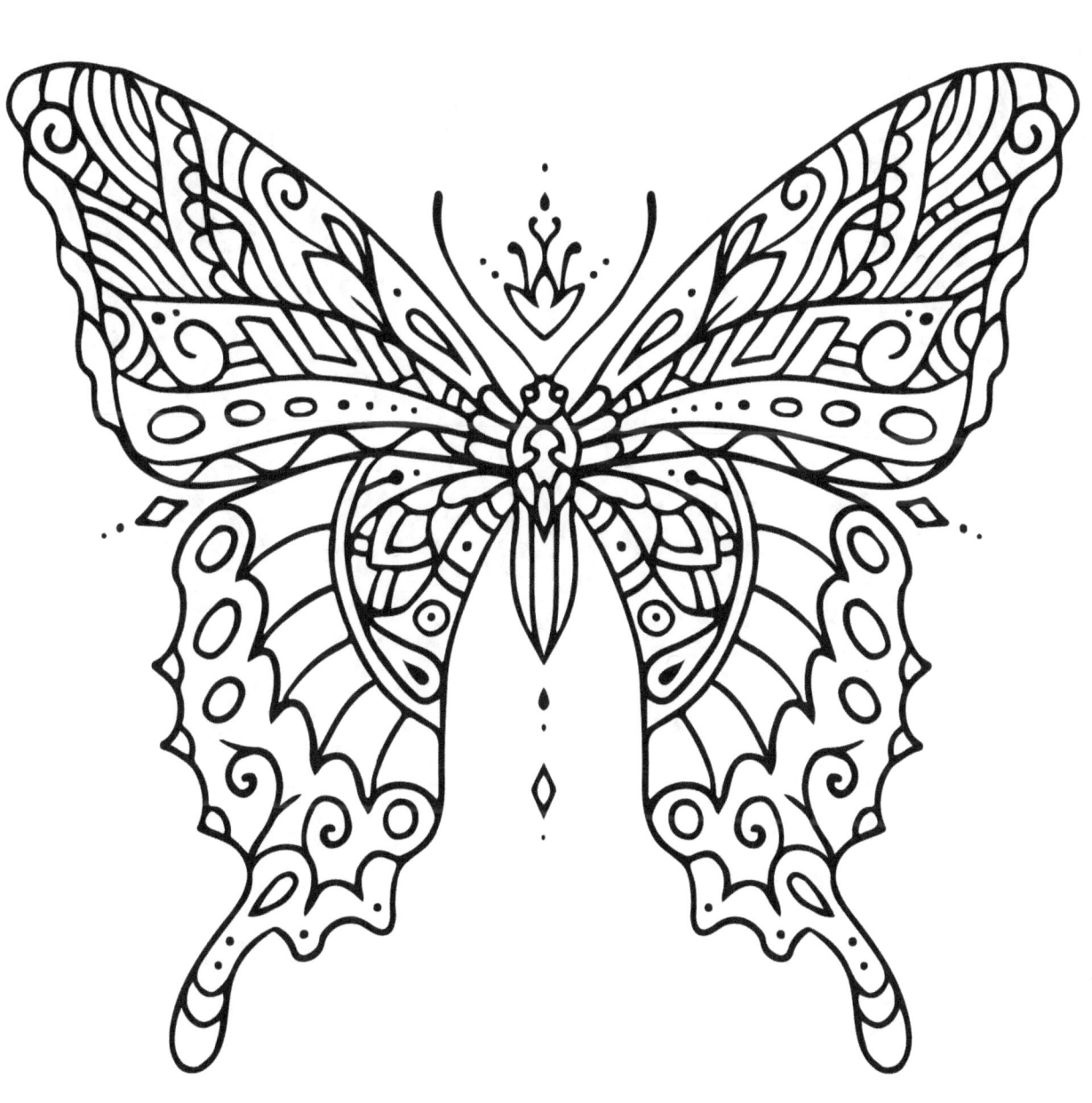

I AM INSPIRED

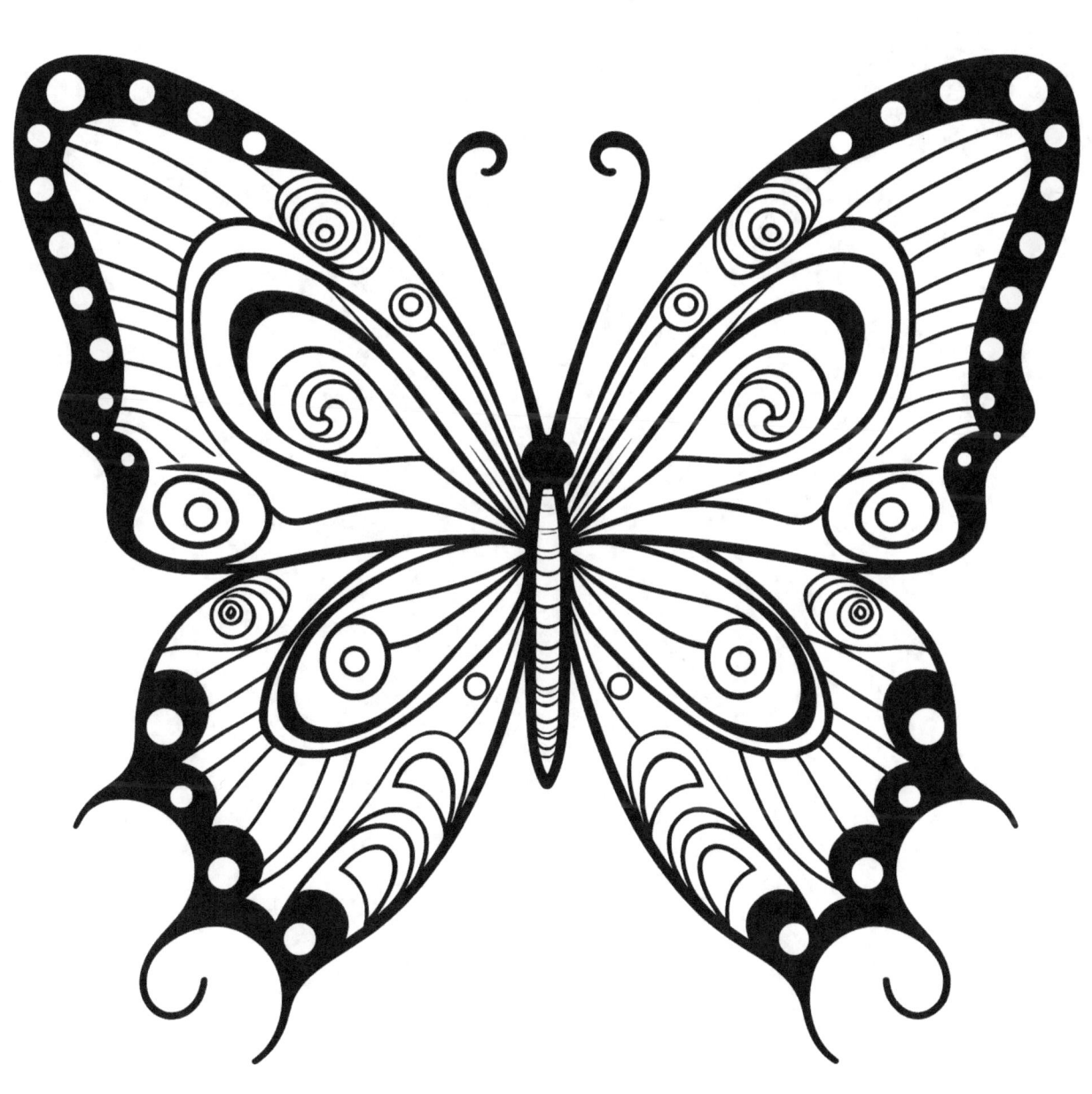

I AM HOPEFUL

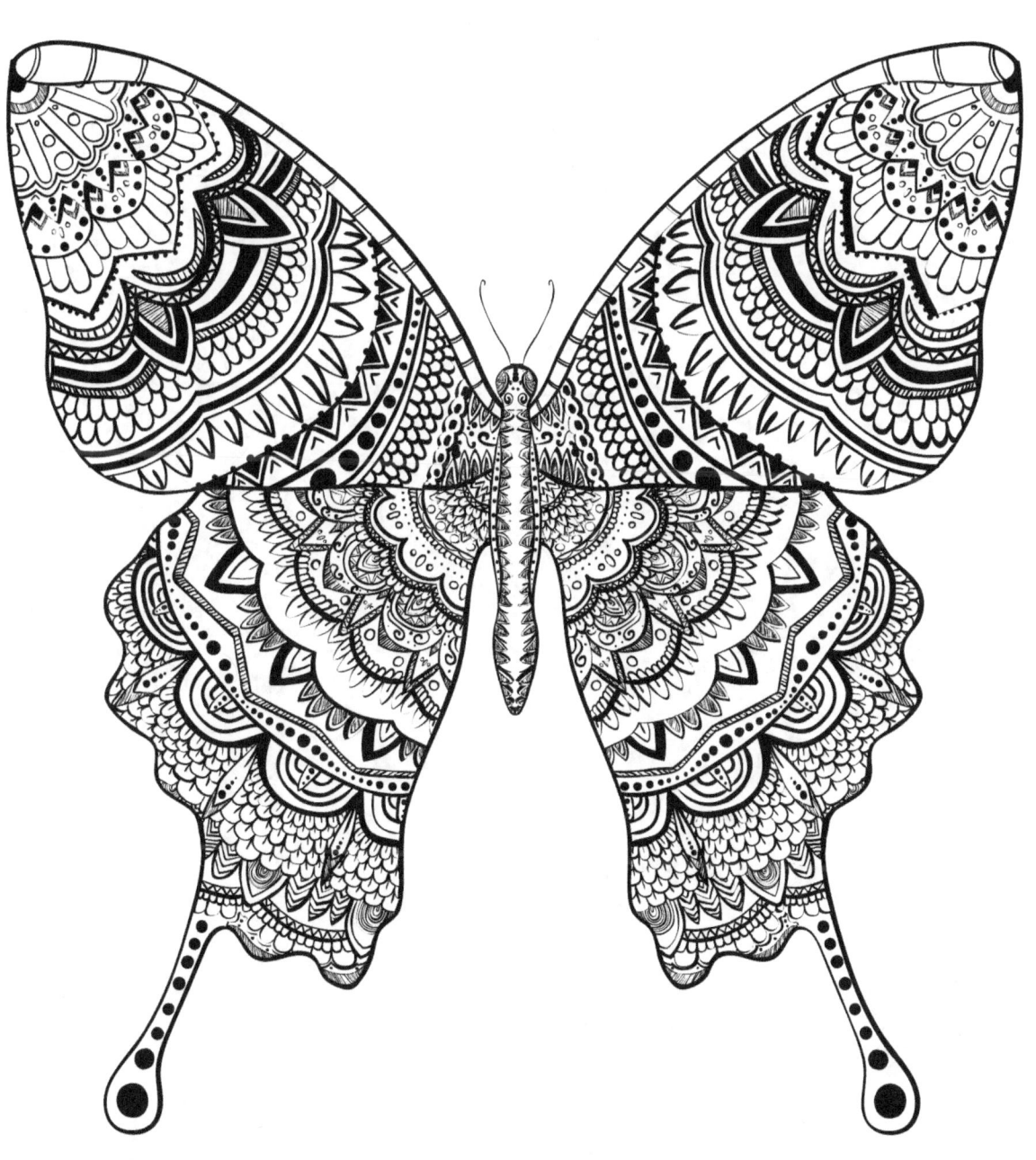

I AM CONFIDENT

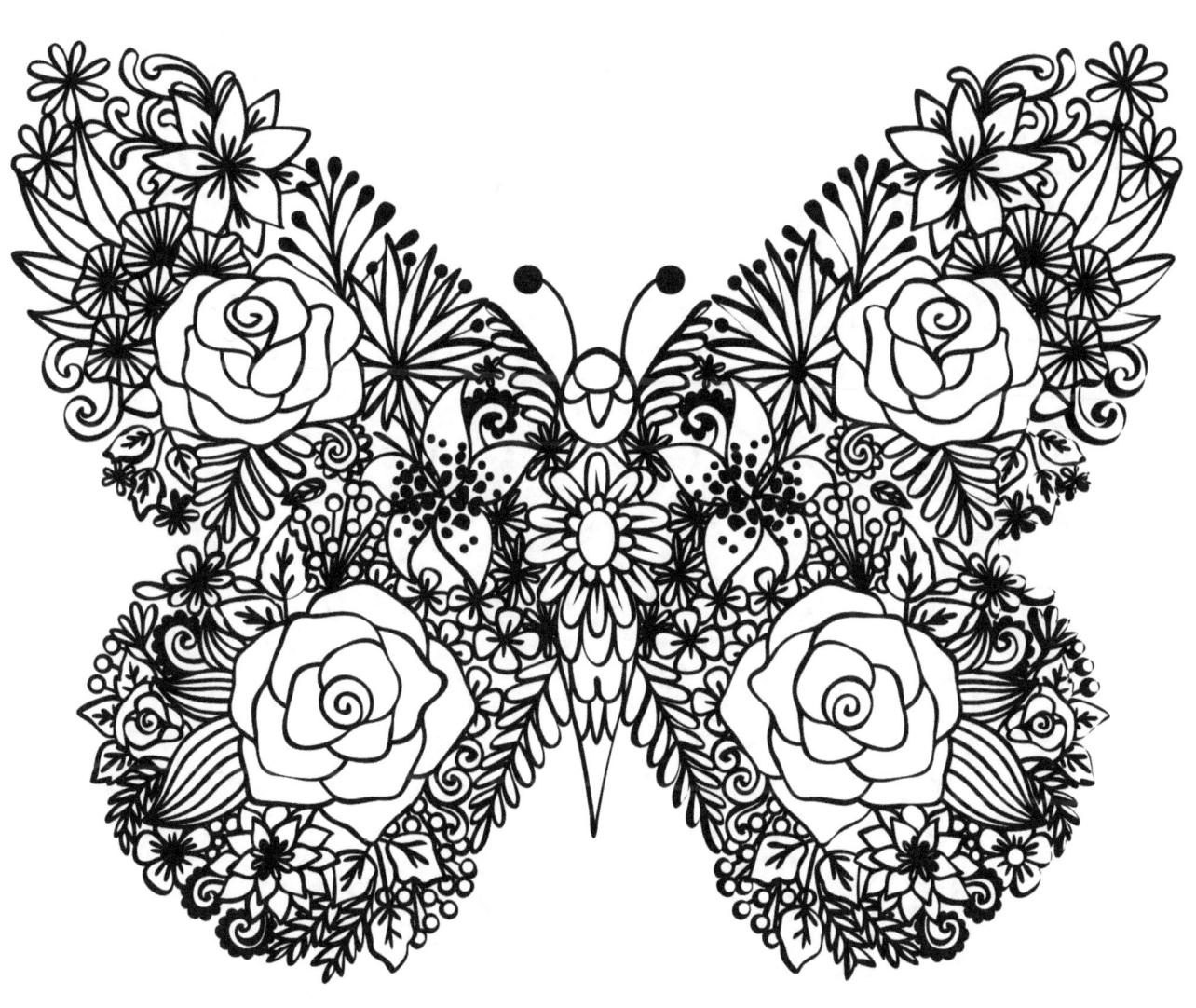

I AM SERENE

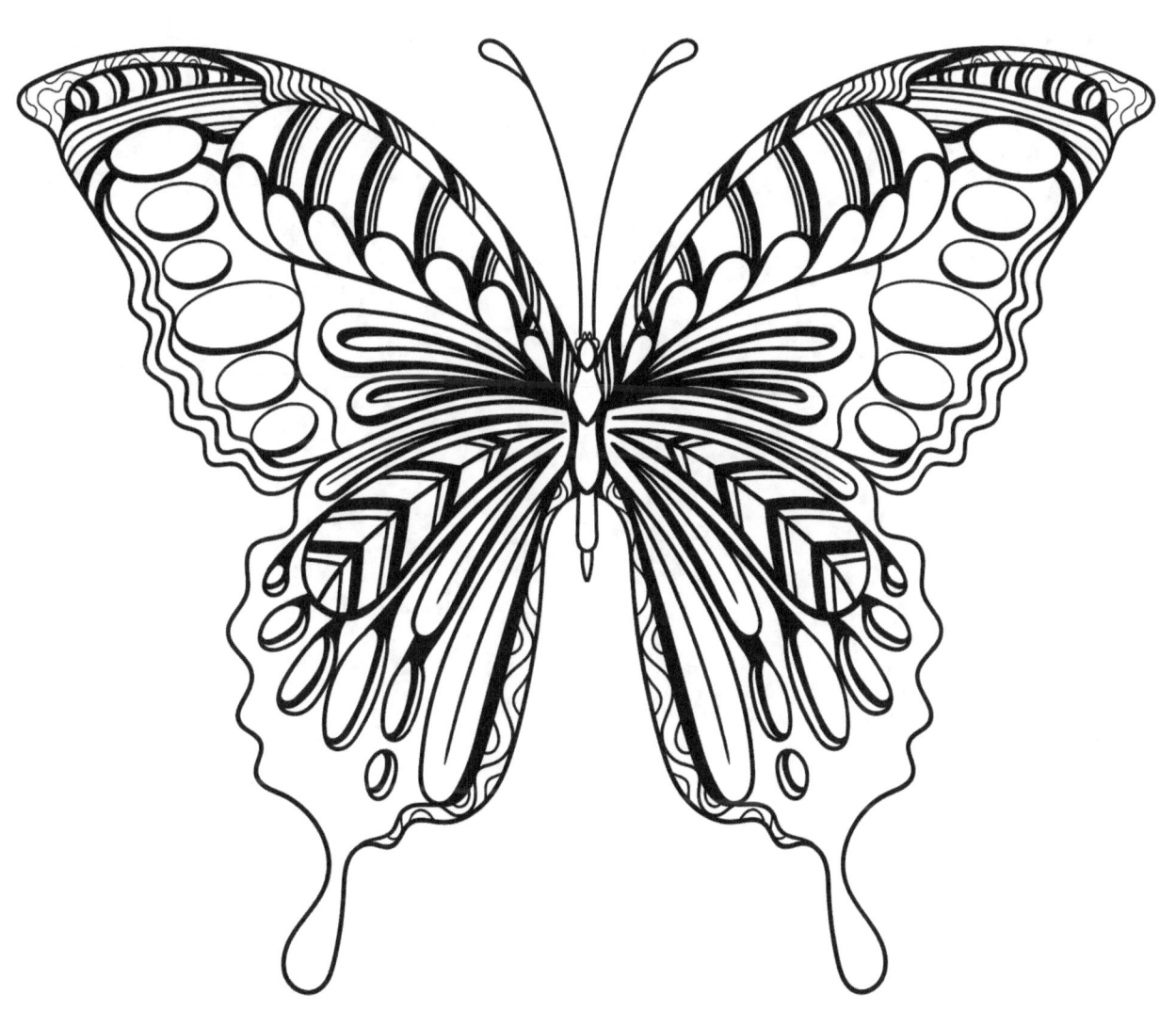

I AM SUCESSFUL

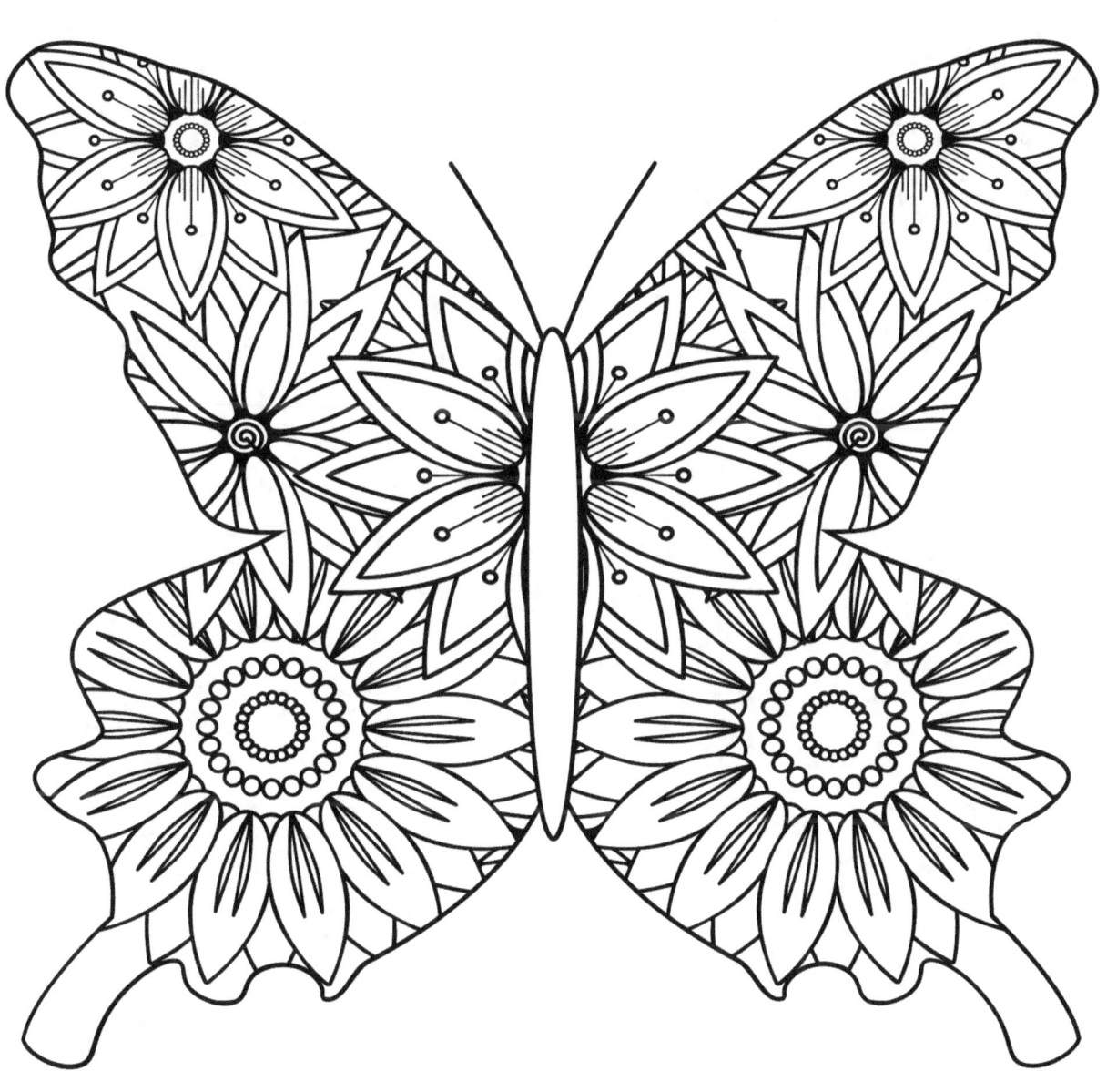

I AM
KIND

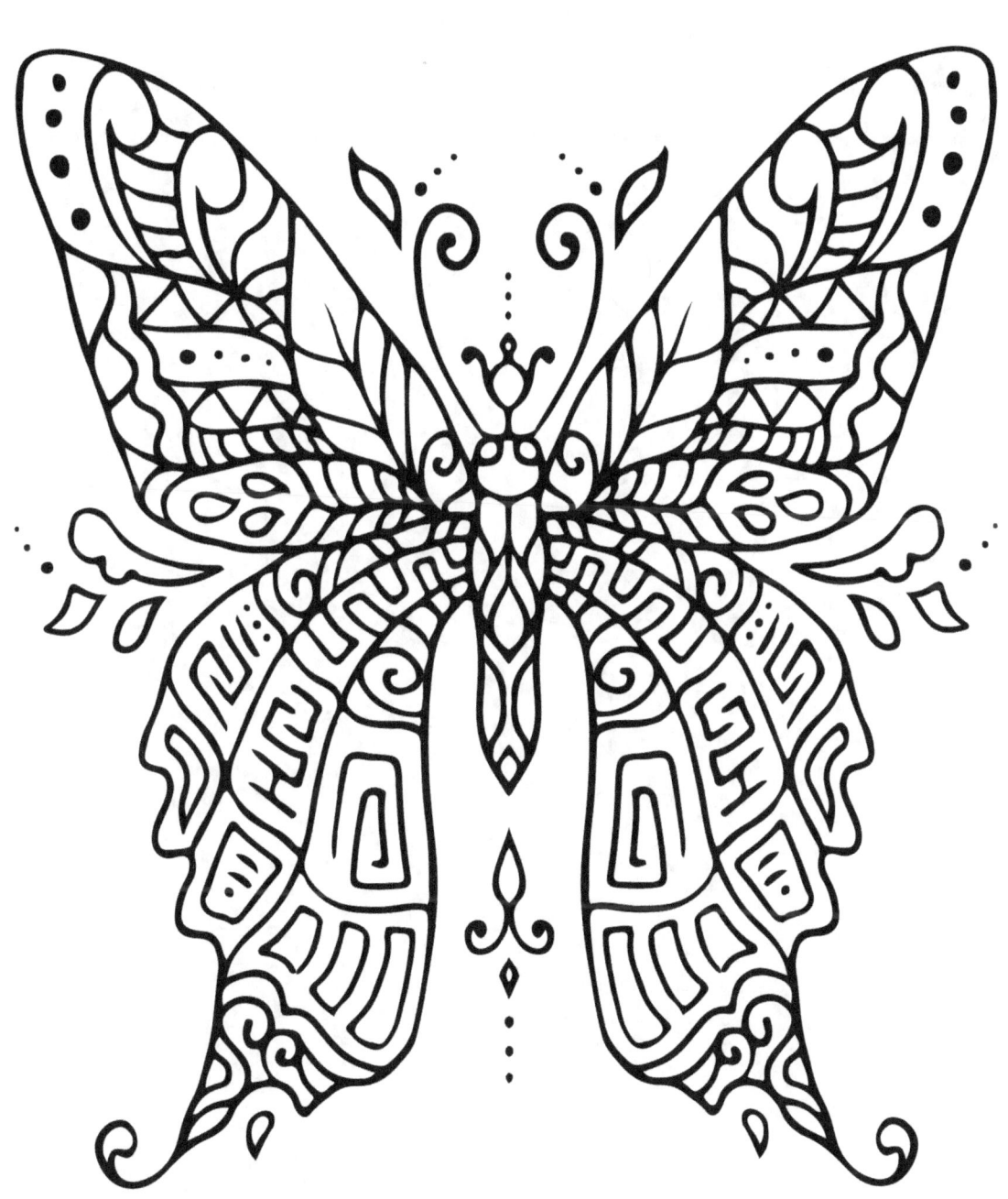

I AM WISE

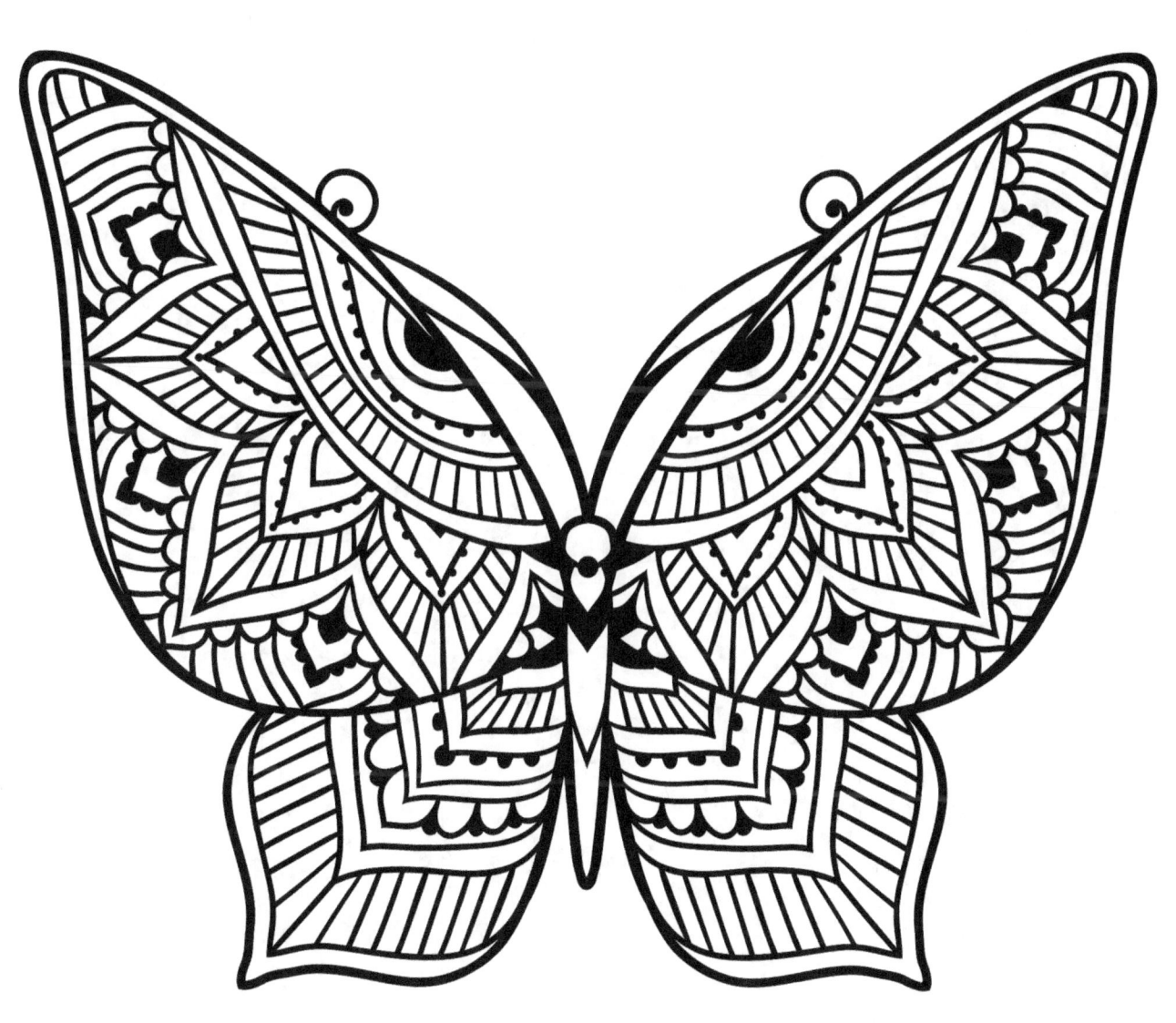

I AM BOLD

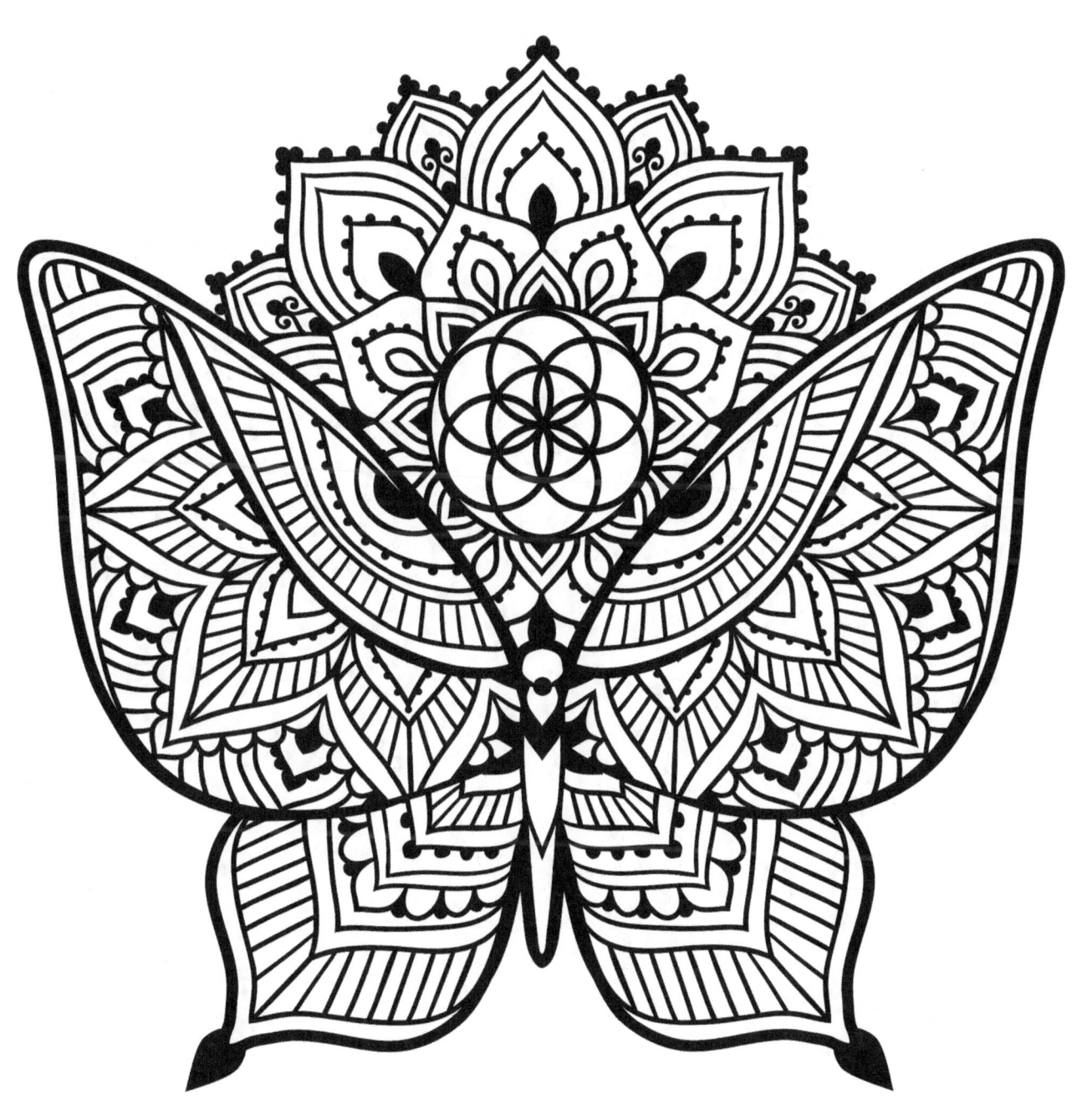

I AM MINDFUL

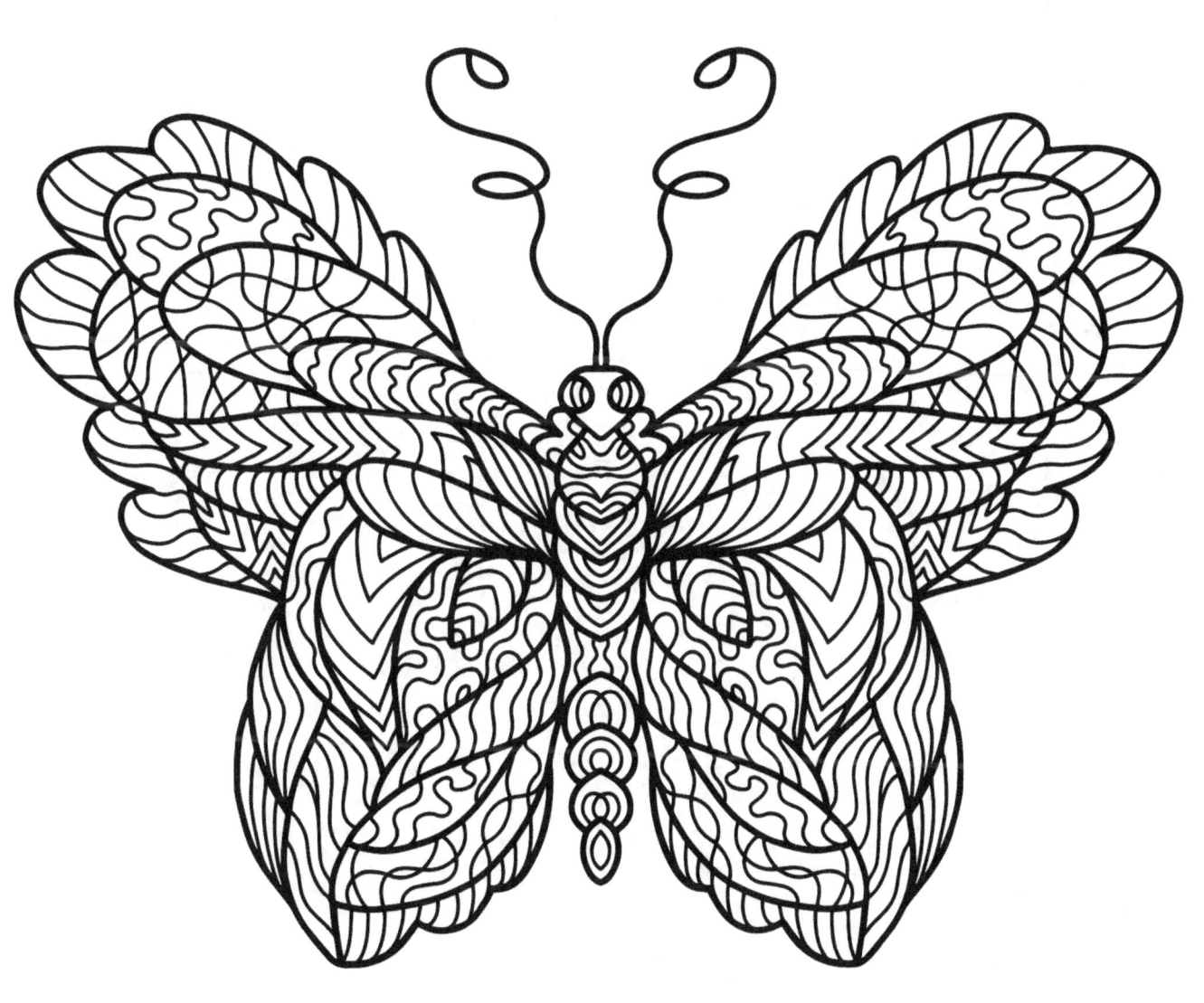